Traudel Hartel

Stoff & Farbe

Schablonieren · Färben · Drucken

Ravensburger Buchverlag

Die Deutsche Bibliothek –
CIP-Einheitsaufnahme

Stoff & Farbe: Schablonieren, Färben,
Drucken; [mit Vorlagenbogen]/Traudel Hartel.
[Red.: Hildrun Lachmann]. – Ravensburg:
Ravensburger Buchverl., 1998
(Ravensburger Hobby: Textiles Gestalten)
ISBN 3-473-42499-4

Alle in diesem Buch veröffentlichten Abbildungen und Modelle sind urheberrechtlich geschützt und dürfen nur mit ausdrücklicher schriftlicher Genehmigung des Verlages und der Urheber gewerblich genutzt werden.

© 1998 Ravensburger Buchverlag
Alle Rechte vorbehalten
Redaktion: Hildrun Lachmann
Fotos: LICHTWERK; Gruppe für Fotodesign,
Fickert, Oumar, Schmitt, Wiesbaden
Umschlaggestaltung und Zeichnungen:
Ekkehard Drechsel BDG
Satz: DTP – QuarkXPress 3.31
Gesamtherstellung: Himmer, Augsburg
Printed in Germany

Die Schreibweise entspricht den Regeln der
neuen Rechtschreibung.

98 99 00 01   4 3 2 1

ISBN 3-473-42499-4

Inhalt

4 Einleitung

6 Material und Werkzeug
6 Stoffe, Schablonen, Holzdruckstöcke, Stempel, Musterwalzen
7 Farben, Farbpalette, Pinsel und Schwämme

8 Färben
9 Färben nass in nass
10 Färben mit der Abbindetechnik
11 Färben in der Plastiktüte

12 Schablonieren
12 Schablonen herstellen

14 Farbauftrag
16 Muster und Ornamente
18 Metallschablonen
20 Wandschablonen, mehrteilig

22 Drucken
22 Holzmodel
24 Stempeln
28 Monotypie
30 Walzendruck

32 Freies Gestalten
34 Motiv „Herz"
36 Kinder lieben Farben
38 Alte Muster – neues Design

40 Grafisch à la Mondrian
42 Einladung zum Essen
44 Obsternte
46 Zitronenfrisch
48 Kontrast in Blau und Weiß
50 Die Farbe Blau
52 Terrakotta
54 Nostalgische Muster von der Rolle
56 Ferienstimmung
59 Attraktiv gestreift
59 Mustermix
60 Festival der Muster

62 Tipps und Hinweise

Einleitung

Mit Stoff und Farbe können Sie eigene, ganz individuelle textile Objekte schaffen. Die Faszination des Zusammenspiels von Fantasie, Stil und Technik liegt im oft unerwarteten Ergebnis.

Das Färben und Gestalten von Stoffen ist eine uralte Kunst, die aus dem Bedürfnis der Menschen entstand, sich und ihre Umgebung zu schmücken. Mit diesem Buch möchte ich erreichen, dass dieses alte Kunsthandwerk neu belebt wird. Es geht mir nicht so sehr darum, Sie in schwierige und komplizierte Färbe- und Maltechniken einzuführen, sondern vielmehr darum, dass Sie mit möglichst wenig Aufwand und einfachen Arbeitsmitteln effektvolle, interessante Ergebnisse erzielen. Die heutzutage große Auswahl an hochwertigen Farben, Pinseln und anderen Materialien macht einen solchen Erfolg leicht und verführt geradezu zum kreativen Experimentieren. Natürlich werde ich Ihnen die wesentlichen handwerklichen Techniken der Stoffmalerei zeigen, ohne jedoch große technische Hürden aufzubauen. In erster Linie sind Ihre Kreativität und Fantasie gefordert. So werden Sie den Umgang mit Stoff und Farbe als ein anregendes, spielerisches Freizeitvergnügen erleben, bei dem die oft „zufälligen" Ergebnisse immer wieder für Freude und Überraschung sorgen. Die vorgestellten Arbeiten, die Sie bezüglich Farbgebung, Form und Größe Ihren persönlichen Vorlieben anpassen können, sollen vor allem als Anregungen dienen. Haben Sie Mut zum Experimentieren, setzen Sie eigene Ideen um. Sie werden überrascht sein über Ihre Kreativität und den künstlerischen Reiz der Ergebnisse.

Ihre Traudel Hartel

Material und Werkzeug

Um Stoffe färben und gestalten zu können, sind keine großen Anschaffungen erforderlich. Die Einfachheit der Materialien und Werkzeuge wird Sie überraschen.

Stoffe

Grundsätzlich eignen sich zum Färben, Schablonieren und Drucken alle Stoffe mit einer saugfähigen Oberfläche, wie Baumwolle, Batist, Leinen und Seide. Synthetische Stoffe oder Mischgewebe nehmen die Farbe dagegen nur schlecht an.
Die verwendeten Stoffe dürfen keine Appretur mehr haben, im Zweifelsfall sollten Sie sie vorher waschen und bügeln. Sie werden dadurch auch saugfähiger. Ich selbst verwende sehr gern alte Leinen- und Baumwollstoffe.
Dünne Stoffe bzw. große Stoffflächen sollten Sie auf der Arbeitsfläche spannen und befestigen, um ein Verrutschen zu verhindern.

Schablonen

Schablonen lassen sich aus Folie, festem Papier oder Karton leicht selbst herstellen (siehe Seite 12/13). Fertige Schablonen gibt es natürlich auch zu kaufen. Die Auswahl an Motiven ist mittlerweile recht groß.

Holzdruckstöcke

Alte Holzmodel findet man manchmal auf Flohmärkten, auch in südlichen Urlaubsländern.
Neu hergestellte Holzdruckstöcke sind ebenfalls erhältlich. Sie können sogar Model nach Ihren eigenen Entwürfen anfertigen lassen (siehe auch Seite 62/63).

Stempel

Alle üblichen, im Handel erhältlichen Stempel lassen sich auch für den Stoffdruck verwenden; zum Drucken sollten Sie allerdings nicht Stempel-, sondern Stofffarbe verwenden. Auf den Seiten 24/25 zeige ich Ihnen, wie einfach ein Stempel selbst herzustellen ist.

Musterwalzen

Ursprünglich dienten die Walzen dazu, gestrichene Wände zusätzlich mit Mustern zu versehen. Bis in die 50er Jahre waren die Gummiwalzen ein unverzichtbares Werkzeug beim Dekorieren von Wänden. Die Walzen

Material und Werkzeug

werden heute wieder hergestellt. Ich benutze sie mit viel Erfolg für den Textildruck – vor allem, wenn es um das Gestalten großer Flächen bzw. langer Stoffbahnen geht.

Farben

Stofffarben. Gute Erfahrungen habe ich bei allen Techniken mit Stofffarben auf Wasserbasis gemacht. Sie sind überall im Fachhandel erhältlich, einfach zu handhaben, umweltfreundlich und bis 60 Grad waschbeständig. Für alle im vorliegenden Buch gezeigten Beispiele wurden DEKA-Stofffarben verwendet.
Gehen Sie mit der Farbe immer sparsam um, tragen Sie zunächst nur wenig davon auf und wiederholen Sie lieber den Vorgang; nur so erzielen Sie wirklich gute Ergebnisse. Nach dem Trocknen sollten die Farben fixiert werden. Das wird durch Bügeln des Stoffs von der Rückseite erreicht. Beachten Sie dazu die jeweilige Gebrauchsanweisung des Farbenherstellers.
Reaktivfarben sind Stofffarben, die, im Gegensatz zu den wasserlöslichen Farben, eine stärkere Bindung mit der Faser eingehen. Die Farben erscheinen dadurch etwas intensiver. Allerdings müssen Reaktivfarben chemisch oder mit Dampf fixiert werden.

Seidenmalfarben. Nicht nur Seide, sondern auch leichte Baumwollstoffe lassen sich gut mit Seidenmalfarben einfärben. Die Farbe ist dünnflüssig und dringt leicht ins Gewebe ein. Am besten wählen Sie bügelfixierbare Farben.

Farbpalette

Als Farbpalette eignen sich gut Pappteller oder auch ausrangierte Glasteller.

Pinsel und Schwämme

Zum Schablonieren (im Englischen „Stencilling") eignen sich am besten runde Borstenpinsel, auch Stupfpinsel genannt. Zum Farbauftrag beim Stempeln können Sie Haarpinsel oder Schwämme verwenden. Schaumstoffschwämme sind ein wichtiges Hilfsmittel beim Stoffmalen und -drucken. Sie lassen sich beim Stupfen, Wischen oder Färben einsetzen, sind leicht zu handhaben und außerdem sehr preiswert. Größere Schwämme zerschneiden Sie nach Bedarf einfach in mehrere kleine Stücke.
Gern verwende ich auch Schaumstoffrollen aus dem Baumarkt. Damit können große Stoffflächen leicht und schnell bearbeitet werden. Auch bei Streifenmustern und langen Bordüren gelingt der Farbauftrag am besten mit der Rolle.

7

Färben

Handgefärbte Stoffe zeichnen sich durch weiche und harmonische Farbabstufungen aus. Die Farbübergänge sind fließend, die Struktur des Stoffs bleibt erhalten.

Auf einem weißen Stoff wirken gemalte, gedruckte oder schablonierte Muster und Motive oft sehr hart. Ein solcher Kontrast kann natürlich gewünscht sein, doch meist sorgt ein farbiger Untergrund für eine bessere Farbharmonie. Farbe ist das verbindende Element, das Stoff und Muster vereint. Deshalb färbe ich in den meisten Fällen die Stoffe vor dem Gestalten ein. Bügelfixierbare Seidenmal- oder Stofffarben eignen sich sehr gut zum Färben kleinerer Stoffstücke. Für dieses Färben von Hand gibt es verschiedene Techniken, die ich auf den folgenden Seiten vorstelle.
Größere Stoffmengen lassen sich leichter in der Waschmaschine färben. Dafür gibt es im Handel spezielle, leicht anzuwendende Farben. Übrigens: Auch Geschenkbänder, Nähseiden oder Knöpfe können gefärbt werden!

Färben

FÄRBEN NASS IN NASS

Am einfachsten lässt sich nasser Stoff einfärben. Vor dem Färben sollten Sie den Stoff ohnehin waschen, um sicher zu gehen, dass er keine Appretur mehr enthält. Legen Sie den nassen Stoff auf einer glatten, mit Folie bedeckten Arbeitsfläche aus.

Streichen Sie mit einem breiten Pinsel oder einem dicken Schwamm in Längsrichtung Seidenmalfarbe auf. Bei Verwendung mehrerer Farben tragen Sie diese abwechselnd auf. Auf dem nassen Stoff fließen die Farben ineinander und ergeben eine aquarellartig bemalte Fläche.

Die Farbe einziehen lassen und den gefärbten Stoff zum Trocknen aufhängen. Nach etwa 24 Stunden den trockenen Stoff von der Rückseite heiß bügeln, um die Farben zu fixieren. Ein späteres Ausbluten der Farben können Sie verhindern, wenn Sie den Stoff nochmals waschen.

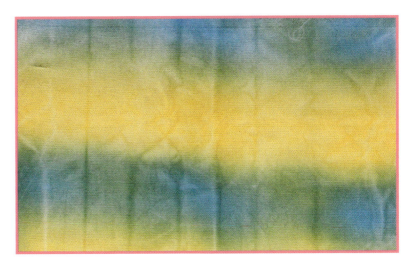

Färben

FÄRBEN MIT DER ABBINDETECHNIK

Legen Sie den Stoff in Falten und binden Sie ihn an mehreren Stellen mit einem festen Faden zusammen. Anschließend wird das gewickelte Päcken durch kurzes Eintauchen in Wasser gut durchfeuchtet.

Den feuchten, abgebundenen Stoff in ein wasserdichtes Gefäß legen und mit Seidenmalfarbe beträufeln. Mit verschiedenen Farbtönen diesen Vorgang mehrmals wiederholen. Auf dem feuchten Stoff entstehen so fließende Farbübergänge.

Die Farben etwa eine Stunde lang einziehen lassen. Danach das abgebundene Päckchen öffnen (am besten mit Gummihandschuhen) und den Stoff zum Trocknen aufhängen. Das Fixieren erfolgt durch Bügeln von der Rückseite. Um bezüglich der Farbechtheit ganz sicher zu sein, sollten Sie den Stoff nochmals auswaschen.

Färben

FÄRBEN IN DER PLASTIKTÜTE

Schnell, unkompliziert und ohne großen Aufwand ist das Färben in der Plastiktüte. Den vorher gewaschenen Stoff mit Wasser gut durchfeuchten, dann auswringen und locker in eine entsprechend große Plastiktüte legen.

Nun reichlich Farbe auf den Stoff tropfen, wobei Sie auch wieder mehrere Farbtöne verwenden können. Die Farben fließen auf dem nassen Stoff ineinander. Diesen Vorgang können Sie unterstützen, indem Sie die Plastiktüte von außen etwas kneten. Dadurch vermischen sich die Farben schneller und gründlicher.

Lassen Sie die Farben etwa eine Stunde lang einziehen. Hängen Sie dann den noch nassen Stoff zum Trocknen auf. Vorsicht, Farbtropfen! Nach dem Trocknen den Stoff von der Rückseite bügeln, um die Farben zu fixieren, und nochmals auswaschen.

Schablonieren

Einfach in der Technik, vielseitig in der Anwendung! Die alte Kunst des Schablonierens eignet sich ideal zur Gestaltung textiler Objekte.

Die Schablonenmalerei, die zu den ältesten kunsthandwerklichen Tätigkeiten gehört, feiert heute ein überwältigendes Comeback, vor allem im Zusammenhang mit dem Deko-Trend für Haus und Garten. Nicht nur Wände, Papiere und Holz, sondern auch Stoffe lassen sich auf vielfältige Weise mit dieser Technik gestalten, die – neben ihrer leichten Erlernbarkeit – noch andere Vorzüge hat: Zeichnerisches Talent ist nicht nötig, denn zum einen gibt es fertige Schablonen zu kaufen, zum anderen bieten Geschenkpapiere, Postkarten und Zeitschriften genügend Motive für das Herstellen eigener Schablonen. Und nicht zuletzt: eine einmal angefertigte Schablone kann viele Male benutzt werden!

Schablonen herstellen

Aus festem Papier bzw. Karton können Sie Ihre Schablonen leicht selbst herstellen. Haltbarer jedoch sind Schablonen aus Folie, wie z. B. Over-

PAPIERSCHABLONE

Übertragen Sie das Motiv mit Hilfe von Pauspapier auf festes Papier bzw. Karton oder zeichnen Sie die Konturen einfach freihändig auf.

Schablonieren

Schneiden Sie mit einem Skalpell bzw. Cutter oder einer spitzen Schere entlang der vorgezeichneten Linien das Motiv aus. Beim Arbeiten mit dem Cutter die Klinge immer zu sich hinziehen. Damit exakte Schnittkanten entstehen, ist zügiges Schneiden wichtig. Unebenheiten können mit einer kleinen spitzen Schere korrigiert werden.

FOLIENSCHABLONE

Legen Sie die Motivvorlage unter die Folie. Die Konturen werden mit einem feinen, wasserfesten Folienstift nachgezogen. Alternativ können Sie das Motiv direkt auf die Folie fotokopieren.

Danach auf einer festen Unterlage oder einer Schneidematte mit einem Skalpell bzw. Cutter das Motiv entlang der Konturen sorgfältig ausschneiden. Möglichst durchgehend und ohne abzusetzen schneiden.

Schablonieren

Um ein Verrutschen der Schablone auf dem Stoff zu verhindern, können Sie deren Unterseite mit Sprühkleber versehen, wodurch sie gut auf dem Untergrund haftet.

Auch nach wiederholtem Benutzen haftet die besprühte Schablone noch gut auf dem Stoff, die Ränder des gedruckten Motivs oder Musters werden dadurch exakt und sauber.

headfolie. Zum exakten Ausschneiden verwenden Sie am besten Cutter bzw. Skalpell. Klebebänder können gut als Schablonenersatz dienen, vor allem für lange gerade Linien.

Farbauftrag

Zum Schablonieren auf Stoff empfehle ich dickflüssige Stofffarbe wie z. B. Deka-Permanent. Zu flüssige Farbe verursacht durch Ausfließen oft unschöne Ränder.

Das Aufstupfen der Farbe mit einem runden Borstenpinsel ist die klassische Art des Schablonierens. Nur die Spitzen des Stupfpinsels werden in die Farbe getaucht. Halten Sie immer mehrere Pinsel in verschiedenen Stärken bereit.

Weitere Möglichkeiten des Farbauftrags bieten sich durch die Verwendung von Schaumstoffwalzen, vor allem bei großen Flächen und langen Bordüren, sowie von Schwämmen, durch die sich interessante Strukturen ergeben können. Naturschwämme halten sehr gut die Farbe, doch Schaumstoffschwämme sind auch gut geeignet.

Geometrische „Schablonen" für gestreifte oder karierte Muster entstehen ganz einfach aus Kreppband. Für besonders feine Linien das Klebeband längs in der gewünschten Breite teilen.

Die Streifen kleben Sie so auf den Stoff, dass sich ein dekoratives Muster ergibt. Gehen Sie sorgfältig dabei vor und drücken Sie die Streifen fest auf den Stoff.

Noch ein Tipp: Nehmen Sie immer zunächst nur wenig Farbe auf und wiederholen Sie den Vorgang lieber einige Male. Zu viel Farbe macht den Stoff hart. Außerdem: Benutzen Sie niemals zu nasse Schwämme oder Pinsel, die Farbe wird sonst zu flüssig und läuft unter die Schablone. Das ist einer der häufigsten Fehler beim Schablonieren!

Schablonieren

STUPFEN MIT DEM PINSEL

Beim Stupfen halten Sie den Pinsel immer senkrecht. Nehmen Sie zunächst nur wenig Farbe auf und stupfen diese auf einem Probelappen ab. Zu viel Farbe ist der häufigste Anfängerfehler! Mit klopfenden Bewegungen wird nun die Farbe durch die Öffnungen der Schablone auf den Stoff gestupft.

SCHWAMMAUFTRAG

Geben Sie die Farbe in eine Schale. Nehmen Sie einen trockenen Schwamm und tauchen Sie ihn in die Farbe, die dann sorgfältig aufgestupft oder mit leicht wischenden Bewegungen aufgetragen wird. Auch hier gilt: Vorher auf einem Probelappen ausprobieren!

AUFTRAG MIT DER ROLLE

Lange und gerade Linien sind mit der Farbrolle gut einzufärben. Geben Sie etwas Farbe auf eine Farbpalette und rollen Sie die Walze gleichmäßig mit Farbe ein. Rollen Sie dann mit schnellen Hin- und Herbewegungen über die Schablone. Nicht zu viel Farbe aufnehmen, besser den Vorgang einige Male wiederholen.

Schablonieren

Muster und Ornamente

Alte Kacheln mit ihren klassischen, grafischen Mustern und Ornamenten sind ideale Vorlagen für eigene Schablonen. Kopieren Sie aber nicht nur, sondern lassen Sie sich auch zu eigenen Variationen inspirieren. Wählen Sie für den Anfang einfache Motive, wie z. B. das Mäandermuster. Fertigen Sie eine Fotokopie in der gewünschten Größe an und schneiden Sie das Muster aus. Achten Sie darauf, dass der Rand um das ausgeschnittene Motiv ausreichend groß ist, damit Sie Platz zum Aufstupfen der Farbe haben.

Nun starten Sie die ersten Abdrucke. Durch seitenverkehrtes Auflegen oder durch Kombinieren mehrerer Farben entstehen neue Varianten. Versuchen Sie es auch mit freien Entwürfen, indem Sie z. B. Dreiecke oder Spiralen in einen Bogen festes Papier schneiden. Legen Sie diese Schablone dann mehrmals so auf, dass die Motive versetzt, gedreht oder übereinander gelegt erscheinen. Probieren Sie jede nur mögliche Kombination aus – Sie werden erstaunt sein, wie schnell und einfach effektvolle neue Muster entstehen.

Rechte Seite: Ein neues Design bekam dieses Reiseplaid durch eine schablonierte Randverzierung. Farblich abgestimmt dazu das Reisetagebuch (Muster auf dem Vorlagenbogen).

Schablonieren

Schablonieren

Metallschablonen gibt es mit vielen verschiedenen Motiven. Da ihr Rand sehr schmal ist, vergrößere ich ihn, indem ich sie mit Papierstreifen umklebe. So kann man beim Aufstupfen der Farbe besser arbeiten.

Die Schablone mit Kreppband auf dem Stoff fixieren. Dann mit einem Stupfpinsel und wenig Farbe das Motiv ausfüllen. Reizvolle Ergebnisse erzielen Sie, wenn Sie mehrere Farben ins Spiel bringen oder auf einem vorgefärbten Stoff arbeiten.

Metallschablonen

Die Schablonenmalerei ist seit etwa dem 15. Jahrhundert bekannt. Damals wurden die Schablonen aus Zink- und Kupferblech hergestellt. Vielleicht finden Sie ja in Omas Schubladen oder auf dem Flohmarkt noch einige der alten Monogrammschablonen aus Kupferblech, mit denen früher die Wäsche ausgezeichnet wurde.

Heute erfreuen sich diese kleinen Metallschablonen erneut großer Beliebtheit und werden auch wieder hergestellt. Sie sind vielseitig zu verwenden, u. a. auch zum Bemalen von Stoff. In großer Auswahl sind sie in Näh- und Bastelgeschäften erhältlich (siehe auch Seite 62/63), mit vielen hübschen Mustern und Motiven, wie ich sie für die Stoffbildchen auf der Abbildung rechts verwendet habe. In einem Passepartout aus Wellpappe wirken sie besonders reizvoll und finden so als Gruß- und Glückwunschkarten eine attraktive Verwendung. Auch bei Patchworkarbeiten erfreuen sich diese kleinen Bildschablonen großer Beliebtheit.

Nach dem Trocknen der Farbe fixieren Sie den Stoff durch Bügeln von der Rückseite. Zusätzlich können Sie das Motiv durch das Aufbügeln schmaler, 2 cm breiter Stoffstreifen, die Sie vorher mit Vliesofix unterlegt haben, einrahmen.

Schablonieren

Schablonieren

Wandschablonen, mehrteilig

Wandschablonen sind, wie der Name schon sagt, Hilfsmittel, um Wände zu dekorieren. Die Schablonen, die Sie im Fachhandel kaufen können, gibt es vor allem in Form von Bordüren. Eine reiche Auswahl an attraktiven und zum Teil recht aufwendigen Mustern steht zur Verfügung.

Meist wird mit mehreren Schablonen gearbeitet, die nacheinander, in einer durch aufgedruckte Buchstaben vorgegebenen Reihenfolge, aufgelegt und ausgemalt werden. Natürlich lassen sich diese Schablonen auch sehr gut im Textilbereich einsetzen. Sie können damit beispielsweise Vorhänge, Tischdecken, Sets, Taschen oder Bettwäsche dekorieren. Besonders reizvolle Deko-Effekte ergeben sich, wenn Sie mit dem gleichen Muster Wände und Wohntextilien, wie hier z. B. die Kissenbezüge, verzieren (siehe dazu auch Seite 37).

Schablonieren

Die Schablonen müssen in der Reihenfolge der aufgedruckten Buchstaben (A, B, C usw.) verwendet werden. Die Markierungslinien auf der Folie geben die Position der nachfolgenden Schablone an. Es ist hilfreich, die Schablone jeweils mit Kreppband auf dem Stoff zu fixieren.
Mit einem Schwämmchen Farbe aufnehmen und mit leichtem Druck und kreisförmigen Bewegungen innerhalb der Ausstanzung verteilen.

Legen Sie die Folgeschablone erst dann auf, wenn die erste Farbe getrocknet ist. Je kräftiger Sie stupfen, desto stärker färbt sich die Fläche. Um zarte Schattierungen zu erhalten, müssen Sie die Farbe unterschiedlich stark auftragen. Eine besonders plastische Wirkung können Sie erzielen, wenn Sie die Mitte einer Fläche etwas heller lassen und die Motivränder stärker einfärben.

Für die hier gezeigten Kissen habe ich einen festen weißen Baumwollstoff verwendet. Die Bordüre ist in Grün- und Blauabstufungen gehalten. Vor dem Schablonieren müssen Sie in den Kissenbezug einige Lagen Zeitungspapier schieben, damit beim Aufstupfen der Farben diese nicht auf die untere Kissenseite durchfärben.

Drucken

Der Reiz des Druckens liegt darin, dass Sie mit einfachen Techniken ausgesprochen kunstvolle Effekte erzielen können.

Holzmodel

Seit dem Beginn des Mittelalters wurden in Europa mit Hilfe von Holzdruckstöcken und schwarzer Farbe Naturstoffe bedruckt. Diese Drucktechnik wurde vor allem in Klöstern angewendet.
Im 16. Jahrhundert brachten portugiesische Seeleute außergewöhnlich bedruckte Stoffe mit farbenprächtigen Mustern von Indien nach Europa. Angeregt durch die Importe, entwickelte sich auch in Europa diese Technik des Reservedrucks, die mit dem Blaudruck ihre Blütezeit erlebte. Die erste Blaudruckerei wurde 1690 in Augsburg gegründet. Heute gibt es nur noch wenige Experten für dieses alte Handwerk.

Genau genommen, wird dabei nicht „blau gedruckt", sondern „blau gefärbt". Das mit dem Model und einem speziellen Brei, dem so genannten „Papp", auf den weißen Stoff „gedruckte" Muster wird „reserviert", bleibt also weiß, der Stoff um das Muster herum wird anschließend blau eingefärbt. Wenn Sie sich für die alte Technik des „Blaudrucks" begeistern können, gibt es eine stark vereinfachte Methode: Das Muster des Models wird mit blauer Farbe eingestrichen und dann auf den weißen Stoff gedruckt. Neue Holzmodel gibt es im Handel zu kaufen.

Wenn Sie Glück haben, finden Sie vielleicht ein antiquarisches Exemplar auf dem Flohmarkt.

Drucken

Zum Blaudrucken brauchen Sie, neben einem Model, blaue Stofffarbe, einige Schwämmchen, weißes Leinen, ein Übungstuch und eine weiche Unterlage. (Natürlich können Sie auch in anderen Farbschattierungen drucken!)

Nehmen Sie mit dem Schwamm etwas Farbe auf und tupfen Sie diese sorgfältig auf die erhabenen Teile des Druckstocks, also auf das Motiv. Achten Sie darauf, dass es gleichmäßig mit Farbe bedeckt ist. Sollte Farbe auf den Rand bzw. zwischen das Motiv geraten sein, so entfernen Sie diese vor dem Abdruck mit einem Läppchen.

Nun das Motiv auf den vorbereiteten Stoff drucken. Eine weiche Unterlage, z. B. ein altes, mehrfach zusammengelegtes Laken, sorgt dafür, dass die Farbe gut und gleichmäßig vom Stoff aufgenommen wird, sodass das Motiv sauber und exakt erscheint. Machen Sie immer erst einige Probeabdrucke, bevor Sie auf dem Originalstoff arbeiten.

Drucken

Stempeln

Vielleicht haben Sie in Ihrer Kindheit schon einmal aus Kartoffeln Stempel hergestellt. Nach dem gleichen Prinzip stellt man Stempel aus anderen, haltbaren Materialien her.
Am einfachsten geht das heute mit Moosgummi, den Sie in jedem Hobby- und Bastelgeschäft in verschiedenen Stärken und Farben kaufen können. Sein großer Vorteil ist, dass er sich problemlos schneiden lässt.
Beim Entwurf Ihres Stempels müssen Sie darauf achten, dass das Motiv seitenverkehrt, also spiegelbildlich, abgedruckt wird. Das ist natürlich vor allem bei Buchstaben und Zahlen von Bedeutung.

Zum Stempeln auf Stoff müssen Sie Stofffarbe verwenden, die mit einem Pinsel oder einem Schwämmchen aufgetragen wird.
Natürlich können Sie mit den Moosgummistempeln auch Papier bedrucken, wobei dann allerdings Wasserfarbe zum Einsatz kommt.

Stempel selbst herstellen. Am besten eignet sich Moosgummi von 2 mm Stärke. Außerdem benötigen Sie einen Bleistift oder einen Folienschreiber, eine Schere oder einen Cutter nebst Schneidematte sowie Klebstoff und Holzklötzchen, auf die Sie die Moosgummi-Ausschnitte kleben können. Ein aufgeklebter Holzknopf als Stempelgriff erleichtert das Arbeiten.

Schneiden Sie ein Stück Moosgummi in der Größe des vorgesehenen Holzklötzchens zu. Darauf zeichnen Sie – seitenverkehrt – Ihr Motiv oder Muster.

Drucken

Wählen Sie für den Anfang ein einfaches Motiv oder Muster, wie z. B. die in der Bildfolge gezeigten Wellenlinien.

Positiv- und Negativstempel.
Besonders interessante Effekte erzielen Sie, wenn Sie das gleiche Motiv im Wechsel negativ und positiv drucken. Die beiden Stempel dafür entstehen praktisch in einem Arbeitsgang. Eine genaue Anleitung sehen Sie auf Seite 26. Wichtig ist, beim Ausschneiden des Motivs den äußeren Rand vollständig zu erhalten. Dieser wird dann als Negativform auf ein Holzklötzchen geklebt, das innen herausgeschnittene Motiv kommt als Positivform auf ein zweites Klötzchen.

Bei diesem Wellenlinien-Muster schneiden Sie auf den vorgezeichneten Linien den Moosgummi durch und kleben die einzelnen Teile mit entsprechendem Abstand auf dem Holzklötzchen fest.

Mit Pinsel oder einem Schwämmchen und dickflüssiger Stofffarbe streichen Sie das Motiv vollständig ein. Achten Sie darauf, dass die Farbe nicht zu dünnflüssig ist.

Den eingefärbten Stempel fest auf den vorbereiteten Stoff drücken. Durch Versetzen des Motivs und Verwenden weiterer Farben erhalten Sie neue Mustervarianten. Experimentieren Sie!

Drucken

POSITIV- UND NEGATIVSTEMPEL

Übertragen Sie das gewählte Motiv mithilfe von Pauspapier oder einer Schablone und Bleistift auf den Moosgummi. Schneiden Sie nun das Motiv vorsichtig aus, wobei Sie darauf achten müssen, dass der äußere Rand vollständig erhalten bleibt und nicht beschädigt wird.

Kleben Sie sowohl das Positiv- wie auch das Negativteil auf je ein Holzklötzchen und lassen Sie sie gut antrocknen. Anschließend die Stempel mit Farbe einstreichen und drucken. Durch Versetzen der Motive, Verändern der Farben und durch Übereinanderstempeln erzielen Sie vielfältige Design-Varianten.

Die Seidenkrawatten (Abb. rechte Seite) wurden zuerst mit bügelfixierbarer Seidenmalfarbe nass in nass eingefärbt. Nach dem Trocknen folgte das Aufstempeln der verschiedenen Motive mit Stofffarbe, wobei auf die harmonischen Farbabstufungen besonderer Wert gelegt wurde.

Drucken

Drucken

Streichen Sie eine Glasplatte in der Größe des zu bedruckenden Stoffstücks gleichmäßig mit dickflüssiger Stofffarbe ein.

Mit einem Kamm aus festem Karton zeichnen Sie ein beliebiges Muster in die aufgestrichene Farbe. Arbeiten Sie mit Zickzacklinien und Wellenbewegungen. Das Muster entsteht durch das Verdrängen der Farbe.

Monotypie

Monotypie bedeutet Einmaldruck, d. h. von einer Vorlage kann jeweils nur ein Abdruck gemacht werden. Jedes Muster ist also ein Unikat. Die Monotypie wird vor allen Dingen bei der Herstellung von Buntpapieren angewendet, was uns jedoch nicht hindern soll, sie auch zum Bedrucken von Stoff einzusetzen.

Sie brauchen eine feste, nicht saugfähige Unterlage, wie z. B. eine Glasplatte, dickflüssige Stofffarbe, einen Pinsel und Kämme zum Musterziehen. Diese schneiden Sie am besten aus Kartonstreifen zu. Die Zacken der Kämme können spitz oder breit sein, was zu unterschiedlichen Mustern führt.

Die Farbe wird flächig auf die Glasplatte aufgetragen. Dann ziehen Sie den Kamm in wellenförmigen Linien, in Zickzackkurven oder in anderer Musterung durch die Farbfläche; eine Tätigkeit, die sehr zum Experimentieren einlädt! Auf das so entstandene Muster wird dann der Stoff gelegt und gleichmäßig aufgedrückt.

Schon mit einer Farbe kann man sehr vielfältige und interessante Muster erzeugen, doch können Sie selbstverständlich auch mit mehreren Farben arbeiten.

Legen Sie nun den Stoff (ohne Appretur, also vorgewaschen) auf die Glasplatte. Gehen Sie mit einer sauberen Walze darüber oder drücken Sie ihn mit den Händen fest an, sodass ein gleichmäßiger Abdruck entsteht.

Wie Sie sehen, reicht schon eine einzige Farbe aus, um interessante Muster zu erzeugen. Den Stoff gut trocknen lassen, dann die Farbe durch heißes Bügeln von der Rückseite fixieren.

Drucken

Walzendruck

Hier geht es um Muster von der Rolle! Die Technik des Walzendrucks war bis in die 50er Jahre hinein sehr beliebt zum Dekorieren von Wänden – ein preiswerter Tapetenersatz. Neu auf den Markt gekommen, werden die Farbwalzen heute zum Gestalten der unterschiedlichsten Materialien, wie Papier, Stoff, Holz oder Kacheln, verwendet. Vor allem große Flächen lassen sich auf diese Weise leicht und schnell mit Mustern versehen.

Das Walzen-Set besteht aus einer Musterrolle, die beliebig ausgewechselt werden kann, und einer so genannten Speisewalze, die die Farbe trägt. Die Stofffarbe sollte nicht zu dünnflüssig sein.

**Die Speisewalze wird mit ausreichend Stofffarbe eingestrichen und dann zunächst einige Male hin und her gerollt, damit sich die Farbe auf der Musterrolle gleichmäßig verteilt (Abb. oben).
Dann rollen Sie mit leichtem Druck das Muster auf Ihrem Stoff ab. Achten Sie darauf, dass der Stoff straff gespannt ist und Sie ausreichend Platz haben.**

Freies Gestalten

Nachdem Sie die verschiedenen Techniken kennen gelernt haben, geht es jetzt ans Gestalten. Die gezeigten Beispiele sollen vor allem als Anregung dienen.

Auf den vorangegangenen Seiten haben Sie die verschiedenen Techniken kennen gelernt und sicher – zumindest teilweise – auch gleich ausprobiert. Sie wissen also bereits, dass das Gestalten eines textilen Untergrunds leichter erlernbar ist, als es die dekorativen und effektvollen Ergebnisse oft vermuten lassen. Jetzt kommt es vor allem auf Ihre Fantasie und Experimentierfreude an. Die folgenden Gestaltungsbeispiele sollen Ihnen einige der vielen Möglichkeiten aufzeigen.

Vorlagen für eigene Motive und Muster finden Sie in der Natur, in der Kunst und in vielen Druckerzeugnissen des täglichen Lebens, wie Geschenkpapieren, Postkarten oder Zeitschriften. Sie können einen Stoff mit Einzelmotiven versehen, einzelne Motive oder Musterelemente zu Bordüren kombinieren, durch Wiederholung flächendeckende Muster erarbeiten oder unterschiedliche Muster kombinieren. Durch geänderte Farbgebung kann ein Entwurf nochmals variiert werden.

Freies Gestalten

Freies Gestalten

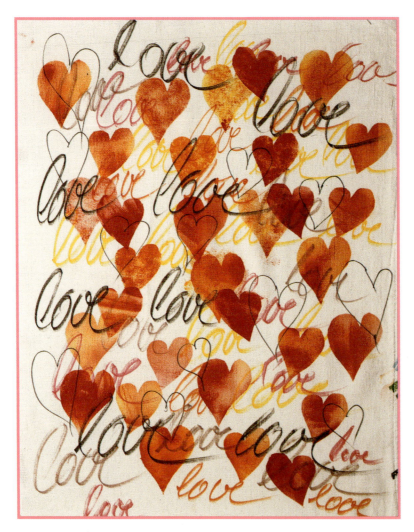

Motiv „Herz"

Nach einem Thema zu arbeiten, ist eine kreative Übung, wobei es nicht um die strenge Wiedergabe eines gewählten Motivs gehen soll, sondern um das Experimentieren mit einer Grundidee.

Mit dem Grundmotiv „Herz" habe ich hier verschiedene Objekte – Sets, Servietten und ein Stoffbild – auf unterschiedliche Weise gestaltet. Die Herzen sind teilweise schabloniert, teilweise mit Stoffstiften gemalt. Die Sets sind in Herzform genäht. Sie benötigen Herzschablonen (siehe Vorlagenbogen), Stoffmalstifte, Stofffarbe sowie weißen und roten Baumwollstoff.

Aus Overheadfolie oder aus festem Papier bzw. Karton schneiden Sie zuerst mehrere verschiedene Herzschablonen (siehe Vorlagenbogen). Für das Stoffbild mithilfe der Schablonen und gelber und roter Stofffarbe viele Herzen, versetzt oder auch übereinander, mit Stupfpinsel oder Schwämmchen auf den weißen Stoff aufstupfen. Weitere Herzen mit den Stoffstiften aufmalen und in verschiedenen Farben das Wort „love" auf den Stoff schreiben.

Die Sets in Herzform aus dem roten Stoff nähen (am besten verstürzt aus zwei Stofflagen). Mit Schwämmchen und weißer Farbe den Stoff noch etwas verfärben und dann mit den Schablonen die Herzen aufstupfen. Die Servietten aus weißem Stoff sind in zwei Farben mit dem Wort „love" beschriftet.

Freies Gestalten

Freies Gestalten

Kinder lieben Farben

Bringt Farbe ins Leben!
Für die Umsetzung dieses lebensfrohen Mottos bietet sich natürlich in erster Linie das Kinderzimmer an. Mein Vorschlag: Erst die Wände, dann auch das übrige Umfeld passend dazu mit Farbe und Schablonen gestalten.

Bei den gezeigten Beispielen werden fertig gekaufte, mehrteilige Wandschablonen mit unterschiedlichen Motiven eingesetzt. Die einfarbig gestrichene Wand erhält eine umlaufende Buchstabenbordüre – in welcher Höhe, bleibt Ihnen bzw. dem Kind überlassen –, dann kommen die Schablonen auf verschiedenen textilen Untergründen zum Einsatz: in unserem Beispiel auf Bettwäsche und Spielzeugbeuteln aus Jute.

Die verschiedenen Teile der Wandschablone in der angegebenen Reihenfolge jeweils mit Kreppband auf der Tapete bzw. auf dem jeweiligen Stoff befestigen und die Farben aufstupfen; eine ausführliche Anleitung finden Sie auf Seite 20. Bei der Bettwäsche sollten Sie zwischen die beiden Stofflagen Zeitungspapier legen, damit die Farbe nicht nach unten durchfärbt.

Nützlich und hübsch zugleich sind die dazu passenden Spielzeugbeutel für Bauklötze, Krimskrams oder Schmusetierchen. Diese aus Jute genähten und dann bedruckten Beutel sind auch eine ideale Geschenkverpackung.

Freies Gestalten

Freies Gestalten

Alte Muster – neues Design

Ornamentale Verzierungen sind in allen Kunstgattungen und Kulturkreisen anzutreffen.

Eine interessante Aufgabe ist es, solche klassischen Muster und Motive als Vorbilder für eigene Entwürfe zu nehmen, sie zu variieren oder auch zu verfremden und so etwas Neues entstehen zu lassen.

Fertigen Sie sich aus Büchern oder einer anderen Quelle eine Fotokopie solcher alten Muster an. Schneiden Sie das von Ihnen gewünschte Element heraus und ergänzen Sie es mit neuen, einfachen Elementen, wie z. B. mit Kreisen, Quadraten oder geraden Linien.

Durch Aneinanderreihen können Sie Bordüren bilden, durch Verteilen und Wiederholen auf dem Stoff entstehen flächige Muster.

Ordnen Sie durch Markieren die Muster auf Ihrem Stoff gleichmäßig an oder verteilen sie diese ungeordnet, wie zufällig. Legen Sie die Schablone dann entsprechend auf den Stoff und stupfen Sie die Muster aus. Die Farbgebung ist natürlich ein weiteres wichtiges Element für die Wirkung Ihres Musters.

In jedem Falle gilt: nicht zu viel des Guten „anhäufen", denn dadurch kann die Gesamtwirkung beeinträchtigt werden.

Auf den Entwürfen (Abb. rechte Seite) sehen Sie, wie verschiedene Muster durch unterschiedliche Anordnung den Gesamteindruck bestimmen.

Das Spiralenmotiv, frei über die Fläche verteilt, wirkt dynamisch und freundlich, das in einer durchgehenden Linie gezogene Mäandermuster dagegen eher streng und traditionell. Das einzeln stehende Art-déco-Muster vermittelt den Eindruck von Eleganz. Bei einer stimmigen Farbgebung sind alle Einzelmotive auch sehr gut kombinierbar, wie die Servietten zeigen.

Freies Gestalten

Freies Gestalten

Grafisch à la Mondrian

Inspirationen für Muster finden sich natürlich auch in vielen Kunstwerken, insbesondere in der konkreten und konstruktiven Malerei, einer Kunstform der zwanziger Jahre. Grundformen dieser Kunstrichtung sind geometrische Flächen wie Quadrat, Rechteck und Dreieck. Solche geometrischen Muster lassen sich auf einem textilen Untergrund mithilfe von Kreppband sehr einfach herstellen.

Spannen Sie Ihren Stoff straff auf die Arbeitsfläche. Mit Kreppband in unterschiedlichen Breiten (breites Band eventuell längs teilen!) und Abständen kleben Sie ein Streifen- oder Karomuster auf den Stoff (siehe auch Seite 14). Dann füllen Sie mit Pinsel und Farbe die Felder zwischen den Streifen aus. Große Flächen oder lange Linien lassen sich auch sehr gut mit einer Schaumstoffrolle einfärben.

Wenn die Farbe trocken ist, werden die Kreppstreifen vom Stoff abgezogen, und zum Vorschein kommt ein geometrisches Muster, bestehend aus exakt gezogenen Linien und sauberen Farbflächen.

Freies Gestalten

Freies Gestalten

Aus Wellpappe und kleinen Stoffbildchen (siehe auch Seite 18) entstanden diese Menükarten, die mit einer einfachen Schulheftbindung auch zu kleinen Rezeptheften werden können.

Einladung zum Essen

Ob ein Fischessen oder ein anderes kulinarisches Ereignis mit Gästen ins Haus steht – betrachten Sie es als eine persönliche Herausforderung, die Tischdekoration eigenhändig zu gestalten!
Die besten Ideen kommen meist spontan und eher zufällig; bedenken Sie, dass auch kleine und einfache Dinge eine große Wirkung entfalten, wie es die hier vorgestellte Dekorationsidee zeigt. Im vorliegenden Fall ging es natürlich um ein Fischessen. Als Tisch-Sets habe ich Geschirrtücher aus blauem Pikee verwendet und diese auf der linken Seite mit einem aufgenähten, mit einem Fischmotiv bedruckten weißen Stoffstreifen verziert. Das Motiv wurde mit einer Schablone aufgestupft. Servietten und Einladungskarten können ebenso mit dem Fischmotiv (siehe Vorlagenbogen) bedruckt werden. Muschelschalen könnten als originelle Namenskärtchen Verwendung finden ...

Freies Gestalten

Freies Gestalten

gut zum Verzieren schlichter Geschirrhandtücher! Andere Obstsorten sind natürlich genauso geeignet. Übertragen Sie das Apfel- bzw. Birnenmotiv vom Vorlagenbogen auf Folie und schneiden Sie eine Schablone zu. Besonders plastisch erscheinen die Früchte, wenn Sie sie nicht nur flächig mit einer Farbe schablonieren, sondern den Farbauftrag etwas abstufen und beispielsweise das Grün mit Rot kombinieren; so erhält der Apfel prächtige rote Bäckchen.

Nach der Vorlage können Sie auch einen Stempel anfertigen (siehe Seite 24/25), der ideal zum Bedrucken der Gläseretiketten ist. Auch beim Stempeln kann man mit mehreren Farben arbeiten.

Obsternte

Nicht nur sehr dekorativ, sondern auch praktisch sind selbst gestaltete Etiketten für eingemachte Früchte, Marmeladen oder Säfte. Mit dem Apfel- oder Birnenmotiv lassen sich auch sehr gut Gläserdeckchen verzieren, die sich besonders gut machen, wenn Sie das selbst Eingemachte als Geschenk verwenden wollen.

Und wenn Sie schon einmal dabei sind: die Apfelernte eignet sich auch

Freies Gestalten

Freies Gestalten

Zitronenfrisch

Frisch und fruchtig bedruckt – im wahrsten Sinne des Wortes – ist die auf der rechten Seite abgebildete Tischdecke. Denn die Natur liefert nicht nur wunderschöne Motive, sondern auch die dazugehörigen Stempel!
Eine Zitrone in der Mitte durchschneiden und die beiden Hälften 1 bis 2 Tage abtrocknen lassen, damit die Schale hart wird. Die Schnittflächen dann mithilfe eines Schwämmchens mit gelber Farbe betupfen – und schon können Sie mit dem Drucken beginnen. Die blauen Streifen werden mit Schwamm und Farbe auf den Stoff „gewischt"; die Begrenzungen zu den weißen Feldern müssen vorher gut mit Kreppband abgeklebt werden.
Bei der weißen Leinendecke (Abb. unten) habe ich die Zitronenscheiben und die ganzen Zitronen samt Blättern (siehe Vorlagenbogen) mit Schablonen aufgestupft.
Ein schmaler gelber und ein breiter blauer Randstreifen – zusammen mit passend bedruckten Servietten – komplettieren diese frisch wirkende Mitteldecke, zu der mich Dekor und Farbe des Geschirrs inspirierten.

Freies Gestalten

Freies Gestalten

Kontrast in Blau und Weiß

Die Farbe Blau ist eine der beliebtesten Farben. In Verbindung mit Weiß wirkt sie ausgesprochen mediterran und lässt Erinnerungen an Ferien im Süden wach werden.
Hier habe ich erneut ein Geschirr-Dekor aufgegriffen, anhand dessen ich Ihnen zeigen möchte, wie einfach es ist, ein Karomuster zu drucken. Die Schablone lässt sich leicht herstellen. Schneiden Sie mit Lineal und Cutter schmale Streifen in eine Folie (siehe Vorlagenbogen) und kleben Sie mit Kreppband die gewünschte Form ab (hier ein Dreieck). Legen Sie diese Schablone auf den Stoff und streichen Sie die Streifen mit Farbe ein. Dann die Farbe trocknen lassen.

Legen Sie nun erneut die Schablone auf, und zwar so versetzt, dass beim zweiten Einstreichen der Streifen mit Farbe das Karomuster entsteht.
Bei der gezeigten Tischdecke besteht das Mittelteil aus blauem Leinen, auf das ich mit einer Musterwalze (siehe Seite 30) und weißer Farbe ein Muster gerollt habe. Der angenähte breite weiße Randstreifen wurde mit dem Karomuster in Dreieckform bedruckt.

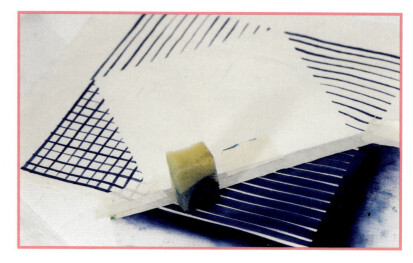

Freies Gestalten

Freies Gestalten

Die Farbe Blau

Ein kräftiges Blau kommt besonders gut auf einem weißen Untergrund zur Geltung. Eine Kombination, die für Frische in jeder Küche sorgt. Besonders gut passen die gezeigten Küchentücher und der Brotsack in eine Küche im Landhausstil.
Das blaue Handtuch aus Piqué (Abb. unten) habe ich mit einer weißen Borte versehen, auf die ich mit einer gekauften Schablone die Motive

stupfte. Das weiße Handtuch (Abb. rechte Seite, links), ein Erbstück aus Omas Wäscheschrank, wurde an den Längsseiten mit einer blauen Randverzierung verschönt. Zwischen den schmalen blauen Streifen habe ich mit kleinen Metallschablonen Muster aufgestupft. Das weiße Piquéhandtuch mit den dekorativen Fransen erhielt durch Schablonieren eine aufwendige Bordüre (Muster siehe Vorlagenbogen). Der Brotsack aus weißem Leinen wurde ebenfalls mithilfe einer Schablone gestaltet (siehe Vorlagenbogen).
Und da es sich ja nicht nur auf Stoff gut schablonieren lässt, habe ich als Deko-Objekte dazu einige Steine mit einem zum Handtuchhalter passenden Vogelmotiv (siehe Vorlagenbogen) bedruckt. Wollen Sie diese Idee ebenfalls in die Tat umsetzen, sollten Sie eine wasserfeste Farbe verwenden.

Freies Gestalten

Freies Gestalten

Terrakotta

Wie Sie vielleicht schon bemerkt haben, arbeite ich gern nach einem Thema. Hier habe ich Terrakotta zum Thema gemacht.

Alte Fußböden können eine Fundgrube für Motivvorlagen sein. Sicher kennen Sie noch, zumindest aus alten Filmen, die schlichten weißschwarzen Fliesenböden in den Küchen der „guten alten Zeit". Nach diesem klassischen Fliesenmuster habe ich die Tabletteinlage in Terrakottatönen (Abb. unten) gestaltet. Teilen Sie die Stofffläche für das Mittelteil in gleich große Quadrate auf und zeichnen Sie die Längs- und Querlinien mit Stoffmalstiften nach. Mithilfe einer passenden Viereckschablone und eines Stupfpinsels übermalen Sie dann alle Schnittpunkte mit brauner Stofffarbe, wie aus der Abbildung ersichtlich. Danach können Sie mit Schwamm und wenig Farbe den Stoff noch etwas „patinieren". Das fertige Mittelteil wurde anschließend mit einem schmalen helleren und einem breiten dunklen Streifen eingefasst.

Für das große Bodenkissen (Abb. rechte Seite) standen die – ebenfalls abgebildeten – Terrakottakrüge Modell. Mit den selbst geschnittenen Schablonen (siehe Vorlagenbogen) habe ich die Vasen auf grobes Leinen gestupft, wobei ich die Ränder durch einen stärkeren Farbauftrag betonte; dadurch wirken die Vasen sehr plastisch. Den Hintergrund gestaltete ich mithilfe von gekauften Schriftschablonen, die ich mehrmals versetzt aufgelegt habe. Bei den Näharbeiten setze ich häufig einfache Patchworktechniken ein, die besonders geeignet sind, ein harmonisches Gesamtwerk zu erzielen. Hier ist es der braune Streifen mit den eingesetzten Eckquadraten, der die schablonierte Innenfläche des Kissens begrenzt.

Freies Gestalten

Freies Gestalten

Nostalgische Muster von der Rolle

Die dekorative Wirkung der drei unterschiedlich großen Kissen (Abb. rechte Seite) entsteht durch die Kombination der rustikalen Stoffe mit den passend dazu ausgewählten Mustern, die mit Musterwalzen aufgedruckt wurden, und den unkonventionellen Verschlussarten.
Passend zu den ausgewählten Stoffen habe ich die Kissenhüllen nur in Brauntönen bedruckt. Die unterschiedlich gestalteten Verschlüsse – mit Schleifen bzw. Holz- und Perlmuttknöpfen – unterstreichen noch den ohnehin sehr rustikalen Charakter der drei Kissen.
Für grobe Stoffe, wie ich sie für die vorgestellten Kissen verwendet habe, benötigen Sie etwas mehr Farbe, damit sie gut ins Gewebe eindringen kann und die Muster gut sichtbar werden. Sie können in diesem Fall auch Dispersionsfarbe verwenden, die nach dem Trocknen ebenfalls fest im Stoff haftet, ihn allerdings etwas steif macht.
Für das Kissen mit den Holzknöpfen habe ich einen Kaffeesack (gibt es in Kaffeeröstereien) verwendet. Auf das grobe Jutegewebe wurde mit einer Musterwalze (siehe Seite 30) und brauner Stofffarbe das Muster gerollt, der vermeintliche Knopfverschluss besteht aus aufgenähten Holzscheiben.
Bei den beiden anderen Kissen habe ich auf die gleiche Weise sehr grobes naturfarbenes Leinen bedruckt und dieses mit braunem Leinen kombiniert. Während das eine Kissen mit aus dem braunem Stoff genähten Bändern verschlossen wird, hat das andere einen dekorativen, auf die Vorderseite gezogenen Knopfverschluss mit großen Perlmuttknöpfen.

Der „Verschluss" mit den rustikalen Holzknöpfen – sie sind nur aufgenäht – passt sehr gut zu der Kissenhülle aus grobem Jutegewebe.

Für diesen Verschluss wurde der braune Rückseitenstoff auf die Vorderseite gezogen und mit Knopflöchern versehen. Die großen Knöpfe sind aus Perlmutt.

Durch den nach innen gearbeiteten Überschlag aus braunem Stoff genügt als Verschluss ein in der Mitte angenähtes, nicht zu schmales Band.

Freies Gestalten

Freies Gestalten

Ferienstimmung

In dieser mit Meeresstrand-Motiven gestalteten Bettwäsche können Sie die Erinnerung an einen schönen Urlaub wieder aufleben lassen. Neben einer weißen Bettwäsche benötigen Sie Schablonen mit Meeresmotiven (diese hier ist gekauft, siehe Seite 62/63) und weiteren Mustern (siehe Vorlagenbogen), Stoff- und Seidenmalfarbe, Kreppband und einige Schwämme.
Färben Sie zuerst die Bettwäsche nass in nass ein, d. h. Sie tauchen den Stoff in Wasser, wringen ihn leicht aus und wischen mit einem Schwamm die Seidenmalfarben auf, z. B. in Form breiter Streifen. Oder Sie beträufeln den nassen Stoff mit den Farben, die dann ineinander verlaufen. Da Sie zum Färben viel Platz benötigen, geht das am besten im Freien. Falls Sie ein Platzproblem haben: handgefärbte Stoffe gibt es auch zu kaufen (siehe Seite 62/63). Alternativ können Sie die Bettwäsche in der Waschmaschine färben, doch dann fehlt der besondere Effekt der Farbverläufe.
Nach dem Trocknen und Fixieren werden mit den Schablonen und Stofffarbe die Muster, mithilfe von Kreppband (siehe Seiten 14 und 40) die Streifen aufgemalt bzw. aufgestupft. Bevor Sie damit anfangen, sollten Sie in den Bett- bzw. Kissenbezug unter die jeweils zu bearbeitende Fläche einige Lagen Zeitungspapier legen, damit die Farbe nicht auf die Unterseite durchfärbt.
Wenn Sie es sich einfacher machen möchten, können Sie auch einen Stoffstreifen separat mit den Motiven gestalten und diese Borte dann auf die Bettwäsche nähen.

Freies Gestalten

Freies Gestalten

Freies Gestalten

Attraktiv gestreift

Mit der einfachen Streifentechnik, wie ich sie auf Seite 40 vorgestellt habe, lassen sich ungeahnte Effekte erzielen; dem Ergebnis ist die Einfachheit der Technik nicht anzusehen. Für das Mittelteil des Rückenlehnen-Kissens (Abb. linke Seite) habe ich einen groben Leinenstoff gewählt. Darauf wurde Kreppband in verschiedenen Breiten geklebt und in die Zwischenräume dann mit einer Schaumstoffwalze die Farbe in mehreren Abstufungen abgerollt. Gute Farbverläufe erhalten Sie, wenn Sie die Farben nass in nass auftragen, sodass diese sich dann vermischen. Die Kreise habe ich mit einer Papprolle aufgedruckt.

Dem grafisch strengen Streifenmuster galt es, eine entsprechende Umrandung zu geben. Ich verwendete dafür aus Kaffeesäcken geschnittene Streifen. Wenn Sie die bedruckten Stellen integrieren, ergeben sich zusätzlich interessante Effekte.

Als Aufhängung dienen breite Stoffschlingen aus dem gleichen Material.

Mustermix

Nach all den vielen Anregungen versuchen Sie es doch einmal mit dem Entwerfen eigener Muster. Üben Sie auf kleinen Musterlappen. Bevorzugen Sie einfache Formen und arbeiten Sie mit nicht zu viel Farbe. Sie werden sehen: der Erfolg stellt sich ganz schnell ein!

Sie können beim Ausprobieren vielfältig variieren, indem Sie beispielsweise die Motive übereinander drucken oder – durch Abdecken mit Papier – Flächen aussparen. Versuchen Sie es auch einmal mit Materialdruck, d. h. verwenden Sie Blätter, Gitter, Korken, Spitzen oder Tortendeckchen als Stempel oder Schablonen.

Ihre so erarbeitete Probensammlung muss nicht in der Schublade landen. Suchen Sie die schönsten Muster aus und verarbeiten Sie sie beispielsweise zu einem Paravent – so, wie ich es hier getan habe. Dazu wurden die Musterläppchen einzeln gerahmt und die Rahmen dann in ein Paravent-Gestell gehängt.

Freies Gestalten

Festival der Muster

Hier möchte ich noch eine weitere Möglichkeit vorstellen, wie Sie Ihre Probemuster voll zur Geltung bringen können. Aus meiner Mustersammlung habe ich eine Auswahl getroffen und diese zu einem, wie ich finde, schönen Picknick-Quilt verarbeitet. Da jedes entstandene Muster seine eigene „Vergangenheit" hat, kann eine solche Patchworkdecke sicher eine ganz besondere Geschichte erzählen.

Aus dem unten abgebildeten Schema können Sie die Vorgehensweise beim Nähen ersehen. Die Musterquadrate haben eine zugeschnittene Größe von 20 x 20 cm, die dunkelblauen Zwischenstreifen eine Breite von 5 cm, und der breite karierte Randstreifen ist 15 cm breit; alle Maße verringern sich beim Nähen um die Breite der Nahtzugabe. Die Schnittpunkte der dunkelblauen Streifen habe ich zusätzlich mit weißen Zwirnknöpfen verziert, an zwei Stellen sogar ein kleines farbiges Quadrat eingenäht.

Sollten Sie noch keine Erfahrung mit Patchwork haben, ziehen Sie am besten ein entsprechendes Anleitungsbuch zu Rate, z. B. „Patchen und Quilten mit der Nähmaschine" oder „Patchwork creativ", die beide im Ravensburger Buchverlag erschienen sind.

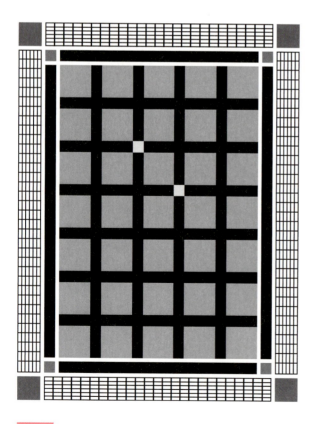

Freies Gestalten

Tipps und Hinweise

Ich konnte Ihnen zeigen, wie kreativ der Umgang mit Stoff und Farbe sein kann. Nun möchte ich Sie noch ermutigen, sich auf eigene Ideen einzulassen, verschiedene Techniken zu kombinieren und Neues auszuprobieren. Auf keinen Fall sollen Sie sich durch meine Vorschläge eingeschränkt fühlen!
Der Handel bietet eine Fülle von Materialien, Werkzeugen und Hilfsmitteln an, die das Experimentieren sehr erleichtern. Deshalb möchte ich an dieser Stelle dazu noch einige Informationen an Sie weitergeben. Mit den genannten Produkten habe ich gute Erfahrungen gemacht.
Die Übersicht soll Ihnen lediglich als Orientierungshilfe dienen.

Stoffe
Am besten geeignet sind einfache Baumwoll- oder Leinenqualitäten. Neue Stoffe unbedingt vor dem Gestalten waschen und bügeln, damit sie keine Appretur mehr enthalten. Unifarbene und so genannte Waterfall-Stoffe (mit Farbverläufen) bietet in großer Auswahl an:
Quiltshop Leitz, Ulzburger Landstr. 445, 25451 Quickborn.
Handgefärbte Stoffe gibt es bei der Firma „farb"-Stoff, Lesnerstr. 26, 60322 Frankfurt.

Farben
Für alle im Buch vorgestellten Techniken (nicht jedoch für das Einfärben der Stoffe) wählen Sie am besten eine dickflüssige Farbe. Um gute Ergebnisse zu erzielen, sollten Sie die Farbe so dünn wie möglich auftragen.
Bei den in diesem Buch vorgestellten Arbeiten habe ich ausschließlich mit „DEKA Permanent" gearbeitet. Diese klassische Stoffmalfarbe auf Wasserbasis, die es in 36 Farbtönen (mit intensiver Farbwirkung) gibt, ist bis 60 Grad waschbar. Fa. DEKA Farben GmbH, Postfach 1146, 82001 Unterhaching.
Zum Handfärben von Stoffen sind Seidenmalfarben gut geeignet. Wegen der leichteren Handhabung bevorzuge ich die bügelfixierbaren Farben.

Fixieren
Gefärbte und bedruckte Stoffe müssen nach dem Trocknen der Farben von der Rückseite möglichst heiß gebügelt werden. Beachten Sie bitte die Anleitungen der Farbenhersteller.

Hilfsmittel
Pinsel, Schwämme, Schaumstoffrollen, Moosgummi und Kreppband finden Sie in großer Auswahl in Bastel- und Hobbygeschäften sowie in Baumärkten.

Mustervorlagen
Alle für dieses Buch entworfenen Motive und Muster finden Sie auf dem beigefügten Vorlagenbogen. Sie lassen sich mit dem Kopierer nach Wunsch vergrößern oder verkleinern.

Fertige Schablonen
Eine große Auswahl an fertigen Schablonen erhalten Sie in Bastel- oder Dekorationsgeschäften.
Hier die Bezugsquellen für die in diesem Buch verwendeten Schablonen: Wandschablonen, mehrteilig, auch Wall Stencils genannt (Seiten 20/36/37/53): Fa. Braumann creativ, Wiesbaden;
Metallschablonen klein/Country Collection (Seiten 18/42/51): Fa. Quilts & Textiles, Isabellastr. 48, 80796 München;
Schablonenborte „Meeresstrand" (Seiten 50/57): Fa. Ikea.

Tipps und Hinweise

Musterwalzen
Die Gummiwalzen mit verschiedenen Mustern (Seiten 30/31/54/55) gibt es bei der Fa. Hecht Industriebedarf, Postfach, 91596 Burk.

Holzmodel
Neu angefertigte Holzdruckstöcke (Seite 23), auch speziell nach Ihren eigenen Entwürfen, liefert:
„Die Blaudruckerei", Fa. Drewes, 33034 Brakel.

Stempel
Print-Art-Stempel und Textildruckkissen (wie auch farbige Wellpappe) gibt es in großer Auswahl bei:
Fa. Baldus Versand, Postfach 1112, 48250 Greven.

Nähmaschine
Die Näh- und Patchworkarbeiten in diesem Buch wurden mit einer Husqvarna-Nähmaschine, Offenbach, ausgeführt. Selbstverständlich können alle Näharbeiten auch mit einer normalen Haushaltsnähmaschine erledigt werden.

Zur Autorin
Traudel Hartel ist in der Museumspädagogik (Museum für Kunsthandwerk, Frankfurt) sowie in der Erwachsenen- und Lehrerfortbildung tätig.
Sie ist Autorin mehrerer Bücher und freie Mitarbeiterin bei verschiedenen Magazinen im Kreativbereich. Im Mittelpunkt Ihrer Arbeiten stehen Textil- und Papieranwendungen, bei denen viele Techniken kombiniert zum Einsatz kommen. Damit zeigt Traudel Hartel neue Wege für kreatives Gestalten auf. Für ihre Arbeiten erhielt sie zahlreiche Preise.
Im Ravensburger Buchverlag sind bereits folgende Bücher der Autorin erschienen:
Papierschöpfen
Patchwork creativ
Verpacken und Verschenken
Buntpapiere selbst gemacht
Stempelspaß mit Moosgummi
(in der Reihe Mach+Sach-Buch).

63

Ravensburger®
Kreatives Gestalten

Traudel Hartel
Buntpapiere selber machen
Papier wird verwandelt vom schlichten Alltagsmaterial zum wunderschönen Buntpapier voller Farben und Muster.
64 Seiten.
ISBN 3-473-**42577**-X

Traudel Hartel
Patchwork creativ
Neue, faszinierende Ideen für das traditionelle Patchwork – angewendet auch auf ungewöhnliche Objekte wie Bilder, Buchdeckel, Mappen, Taschen, Kleidung und sogar einen Paravent.
63 Seiten.
ISBN 3-473-**42491**-9

Traudel Hartel
Papierschöpfen
Technik, Färben, Gestalten
Papier-Kreationen aus eigener Herstellung: strukturiert, gefärbt, gestaltet. Mit vielen Anwendungen.
63 Seiten.
ISBN 3-473-**45625**-X

Traudel Hartel
Verpacken und Verschenken
Mit Vorlagenbogen
Viele Ideen und Anregungen, mit einer originellen und phantasievollen Verpackung, Geschenken eine ganz persönliche Note zu geben.
64 Seiten.
ISBN 3-473-**42574**-5